BRANDING & SPACES DESIGN
Copyright © 2016 Instituto Monsa de Ediciones

Editor, concept and project director
Josep Maria Minguet

Co-autor
Anna Jordà, Miquel Abellán
(Monsa Publications)

Translation / Traducción
Babyl Traducciones

INSTITUTO MONSA DE EDICIONES
Gravina, 43 (08930)
Sant Adrià del Besòs
Barcelona (Spain)
Tlf. +34 93 381 00 50
www.monsa.com
monsa@monsa.com

Visit our official online store!
www.monsashop.com

Follow us on facebook!
facebook.com/monsashop

ISBN: 978-84-16500-23-9
D.L. B 9417-2016
Printed by Impuls 45

Branding & Spaces Design

monsa

This book presents different spaces, offices, bookshops/cafes, hairdressers, jewellery shops, fashion retail stores, tea shops, etc... In all of them, we can see that their branding and interior design generate a global image with its own personality, which attracts and foster loyalty in the customer who looks for new experiences more special and intimate. These are spaces that show us the spirit and soul of these small businesses which through their visual image, surprise us with more innovative and creative experiences.

Este libro, presenta diferentes espacios, oficinas, librerías/café, peluquerías, joyerías, tiendas de moda, casas de té, etc... En todos ellos, podemos ver que el branding y su diseño interior, generan una imagen global con personalidad propia, que atraen y fidelizan más al cliente, que busca nuevas experiencias, más especiales y próximas. Espacios que nos muestran el espíritu y el alma de estos pequeños negocios, donde a través de su imagen visual, nos sorprenden con experiencias más innovadoras y creativas.

Little Catch

Studio Linehouse / Shanghai ◊ China

140

Mary Wong

Studio Fork / Moscow ◊ Russia

162

Can Pizza

Studio Lo Siento / Barcelona ◊ Spain

144

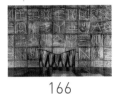

La Peñita de Jaltemba

Studio Savvy / Playa del Carmen ◊ México

166

La Condesa

Studio Plasma Nodo / Medellín ◊ Colombia

148

Bolerama Coyoacán

Agency Leolab / DF ◊ México

172

Lando

Studio Lo Siento / Barcelona ◊ Spain

150

Mikôto

Studio ADDA / Stuttgart ◊ Germany

174

Minister

Studio Ostecx Créative / Poznan ◊ Poland

154

Taqueria Local

Agency Leolab / DF ◊ México

180

Temari

Studio Lange & Lange / Warsaw ◊ Poland

158

Bad Girlz

Studio kissmiklos / Budapest ◊ Hungary

184

Shaka Brah

Agency Truly Design / Torino ◊ Italy

160

Puebla 109

Studio Savvy / Ciudad de México ◊ México

186

Maderista

Studio Anagrama
Monterrey ◊ México
www.anagrama.com

Maderista is a carpentry boutique that offers custom made furniture using only the finest wood. With more than 30 years of experience, Maderista approached us with the need to consolidate its brand with a stronger and more sophisticated design, a rebranding that would express it's proficiency and expertise in a modern and all-embracing way.

The naming for Maderista is a witty made-up word consisting of two parts: madera, or 'wood' in Spanish and the suffix 'ista', a designation of profession, conviction and character. So the name Maderista, or 'one who works with wood', is explicit of the brand's custom services.

Our proposal for the logo is complex, carrying a typographical palette meant to portray timelessness, a coalescence of modern and traditional, and two iconic symbols: a bear and a nail. The bear embodies the natural strength and robustness of wood, Maderista's primary material, while the nail exemplifies the skilled craftsmanship and thoughtful attention put into each custom-made piece of furniture produced.

The choice of paper for the stationery: porous, off-white, crafty but with touches of hot-stamped gold, conveys the crafty nature of the brand while embracing its guaranteed high-end quality and class.

The showroom is aspirational and inviting, designed to inspire and encourage the imagination on the endless possibilities that can be attained from wood.

In addition, we designed a small gesture: a small, engraved, orange diagonal line in the left-hand corner, that would set apart every piece of furniture made by Maderista.

Maderista es una carpintería boutique, que diseña y construye muebles hechos a la medida y con la madera más fina. Con más de 30 años de experiencia, Maderista nos buscó con la necesidad de consolidar su marca con un diseño más fuerte y sofisticado, un rediseño que expresara su experiencia y destreza de una manera integral y moderna.

El nombre de Maderista es sútil y directo, apuntando explícitamente hacia el negocio de la marca. La nomenclatura es una palabra ingeniosa maquillada que consta de dos partes: madera, o "madera" en español y el sufijo "ista", una designación de profesión, convicción y personaje. Por lo que el nombre maderista, o "uno que trabaja con madera ', es explícita de los servicios personalizados de la marca.

El logo es complejo, primero cargando una paleta tipográfica que busca transmitir un sentimiento atemporal, una fusión entre lo moderno y tradicional, y finalmente dos iconos simbólicos: un oso y un clavo. El oso personifica el aspecto fuerte y robusto de la madera mientras que el clavo ejemplifica lo artesanal y la atención y cuidado dedicado a cada mueble producido.

La papelería con sus materiales porosos y crudos pero con toques de foil dorado, transmite la naturaleza artesanal de la marca sin dejar a un lado su aspecto rico y elegante.

El local es aspiracional, diseñado para inspirar y estimular la imaginación hacia las infinitas posibilidades que brinda un material como la madera.

Adicionalmente, se diseñó un pequeño gesto en la forma de una línea diagonal naranja en la esquina interior izquierda, para identificar cada pieza diseñada por Maderista.

MADERISTA
EST 1979

H: L–V 10.30 AM A 7.30 PM
SAB 11.00 AM A 7.00 PM
T: 81.8335.3412 / 81.8335.1516
W: WWW.MADERISTA.MX

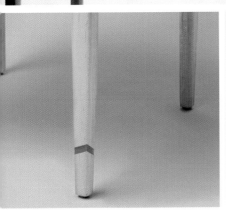

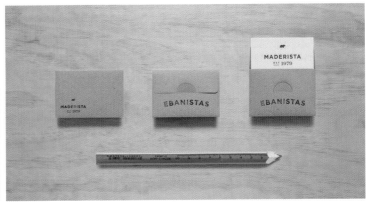

Maderista

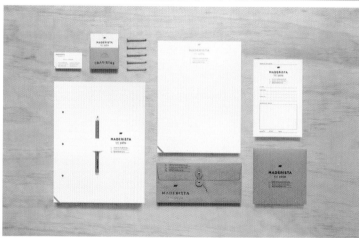

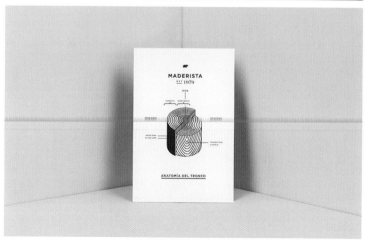

Par la Roy

Studio Savvy
Monterrey ◊ México
designer Eduardo Hernández
photographer Alejandro Cartagena
www.savvy-studio.net

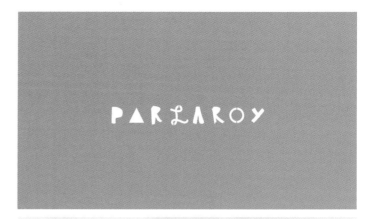

Par La Roy is a fashion boutique that promotes selected brands and upcoming artists and designers alike.

The space is defined by a simple and clear layout which allows products to be displayed in an orderly and attractive fashion; its window displays showcase ever-changing trends, styles and products. The ambience itself is quite neutral, predominantly white, using only desaturated colours as complements, thus promoting a harmonious relation amongst the varied proposals that Par La Roy has to offer.

The project's formal and structured language is based on two contrasting materials: metallic tubing and fabric. The tubes provide a set structure whilst the fabrics create volume, generating a unique and inviting atmosphere. In Collaboration with: Emilio Álvarez.

Par La Roy es una boutique de moda que impulsa tanto el trabajo de diseñadores y artistas emergentes como el de marcas establecidas selectas.

El espacio es definido por una disposición sencilla y clara que permite mostrar los productos en forma ordenada y atractiva; un escaparate siempre cambiante de artículos, tendencias, estilos y productos.

El ambiente es neutro en donde predomina el blanco y los colores desaturados permitiendo la convivencia entre las distintas propuestas que Par La Roy despliega.

El lenguaje formal y estructural del proyecto, se basa en dos materiales que contrastan: tubos metálicos y tela. Los tubos proveen la estructura y la tela el volumen generando una atmósfera uniforme que invita a la exploración. En colaboración con Emilio Álvarez.

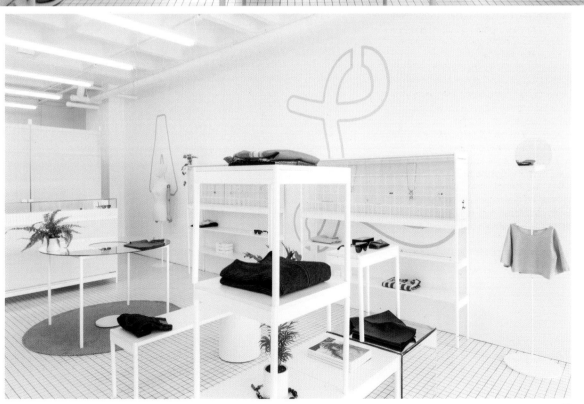

Par la Roy

Food Lab Studio

Studio Lange & Lange
Warsaw ◊ Poland
art direction & interior design
Gustaw Lange / Aleksander Lange
food photography Duklas Studio
interior photography Natalia Ohne
www.langeandlange.com

Food Lab Studio is a multifunctional space with professional culinary facilities prepared and designed for organizing events with food in the lead role.

The originator and owner of the studio is chef and journalist Grzegorz Łapanowski, who after years of experience in the organization of more than 300 workshops, presentations, trainings decided to open his own place.

On 300 square meters space there are 4 fully equipped mobile kitchen islands at which can cook up to 50 people . The Food Lab Studio is also equipped with: Cooking extensive library with books from all over the world, 6-meter life cooking/presentation station dining room for 80 people, more than 100 m² facilities, including a studio dedicated for video and photo productions. All furniture and equipment are mobile which allows arranging space in any ways, depending on the character of the event. It is perfect place to organize various events and photo sessions, trainings, integration meetings, press conferences. It also hosts activities in the field of R&D of food and cooking equipment as well as PR.

Food Lab Studio es un espacio multifuncional con instalaciones culinarias profesionales preparadas y diseñadas para la organización de eventos con la comida como elemento principal.

El creador y dueño del estudio es director de Grzegorz Łapanowski, que después de años de experiencia en la organización de más de 300 talleres y presentaciones, decidieron abrir su propio local. En 300 metros cuadrados de espacio hay cuatro islas de cocina móviles totalmente equipadas en las que se puede cocinar para unas 50 personas. El Laboratorio de Estudio de alimentos también está equipado con: una extensa biblioteca con libros de cocina de todo el mundo, de 6 metros de alto, un comedor para 80 comensales y más de 100 m² de instalaciones, con salas dedicadas a diferentes actividades como un estudio dedicado a las producciones de vídeo y foto. Todos los muebles y equipos son móviles para permitir la organización del espacio en la forma deseada, dependiendo del carácter del evento. Es el lugar perfecto para organizar diversos eventos y sesiones fotográficas, cursos de formación, reuniones y ruedas de prensa. También es sede de actividades en el ámbito del I + D de los alimentos y equipos de cocina, así como PR.

Food Lab
Studio

The Local MBassy

Studio Korolos Design
Sydney ◊ Australia
creative director & designer Korolos Ibrahim
mural artist Sid Tapia
antiques & installation David Haines
photographer Shayben Moussa
www.korolos.com

LOCAL MBASSY

The Local Mbassy is a boutique café and kitchen paying homage to the locals of the 1920's. Deeply enthused by the Australian prohibition-era, we're taking off our hats to the local hooligans, the revolutionaries and to those who made a difference in moulding up today's Australian art, fashion and coffee culture. Upon receiving the brief for the undeveloped start-up business, it was fundamental that a full creative direction, business development, concept, brand and design were developed. This was in the hopes of creating a destination store that played a crucial role in Sydney's social and foodie culture while serving the perfect brew of Campos Speciality Coffee. The boiler room inspired Local Mbassy comes with rigueur exposed beams and bulbs; raw concrete finishes, one off refurbished furniture and a larger-than-life feature mural that sets context and tone to 1920's Australia.

The Local Mbassy es un café con encanto y con una cocina que rinde homenaje a los locales de la década de 1920. Profundamente entusiasmados por la era de la prohibición en Australia, hicimos volar nuestra imaginación entre los revolucionarios locales que significaron una diferencia en el modelo del arte y la cultura australiana y su influencia en los cafés de hoy. Al recibir el informe sin desarrollar para la puesta en marcha, era fundamental la dirección creativa completa, que el desarrollo de negocios, el concepto, la marca y el diseño fueran creados de forma conjunta. Pensamos el proyecto con la esperanza de diseñar un lugar cuyo destino jugase un papel crucial en la cultura social y gourmet de Sidney, un lugar que sirve la cerveza perfecta y cafés procedentes de los lugares más especializados. La sala inspirada para The Local Mbassy tiene las bombillas en viga expuesta, acabados de hormigón en bruto, mobiliario reformado y un mural de grandes características, todo ello hace sentirse al cliente en el contexto y la moda de la Australia de 1920.

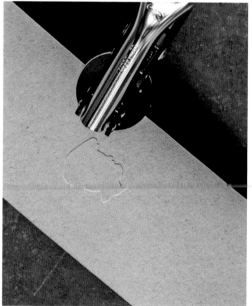 

The Local MBassy

Entremés

Studio Anagrama
Monterrey ◊ México
www.anagrama.com

Entremés is a culinary factory specialising in offering practical and tasteful catering for social gatherings, located in Monterrey, Mexico.

Looking into the company and its products we learned that while offering a variety of products, these are all linked together by the use of one ingredient: parsley. Our proposal, presented on December 2014, thus, incorporates the parsley in the logo accentuating it as a brand key ingredient. The store's interiors were inspired by minimalistic elements found in industrial kitchens focusing on its clear and practical foundations. Subsequently we added warm touches by incorporating wooden floors and bright illumination.

The store looks to showcase its products as the main event, enhancing the display capacity of the store to the maximum while maintaining an attractive feel for the customer.

Entremés es una factoría culinaria que se especializa en ofrecer un servicio de catering rico y práctico para eventos sociales, ubicado en Monterrey, México.

Al estudiar la empresa y la amplia variedad de productos que ofrece, identificamos al ingrediente común que unifica la marca: el perejil. Nuestra propuesta, desarrollada en Diciembre 2014, incorpora el perejil en el logo acentuándolo como el ingrediente clave de la marca.Los interiores de la tienda se inspiran en los elementos minimalistas encontrados en las cocinas industriales y sus bases claras y practicas. Posteriormente, agregamos toques cálidos al incorporar pisos de madera e iluminación fina.

La tienda busca exhibir sus productos como el evento principal, maximizando la capacidad de presentación de productos en la tienda manteniendo un ambiente atractivo para el consumidor.

S.P.G.G.

REFRIGERIOS Y BOTANAS

ENTREMÉS

FACTORÍA CULINARIA

ENTREMÉS

RÍO MISSISSIPPI 407 OTE.
COLONIA DEL VALLE S.P.G.G.

LUNES A VIERNES : SÁBADO
10AM–7PM   10AM–7PM

T.1522.0052 / INFO@ENTREMES.COM.MX

Entremés

ENTREMÉS

9 ¾

Studio Plasma Nodo
Medellín ◊ Colombia
designers Daniel Mejía, Sara Ramírez, Carlos García,
Felipe López, Maria F. Hormaza, Juan S. Tabares
photographer Daniel Mejía
www.plasmanodo.com

9 ¾ is a bookstore cafe specialized in children, but where adults can also have some fun. We believe that cities need warm and nice meeting places that welcome us and invite us to learn having fun with our families and friends, sites where people not only buy but go and have a good time.

The areas for children in 9 ¾ are small hiding spots or places where they can draw, rest and play while learning and enjoying a good book. For grown-ups there are private reading rooms and also tables for sharing, all surrounded by warm materials, furniture and decoration objects that speak of the joy that gives us a good story, a good book. Our coffee is one of the best in town, prepared by experts and broght from the best Colombian origins.

We believe in imagination, in magic, in dreams, in memories. We believe that the best ideas and conversations come easily with a good cup of coffee. We know that technology can be the magic wand to enter unimaginable worlds but it will never dethrone the King: the book.

9 ¾ es un Café-librería especializado en niños, pero en el que los adultos pueden pasar también un buen rato. Creemos que las ciudades necesitan lugares de encuentro y conocimiento que sean agradables y cálidos, que nos acojan y nos inviten a aprender divirtiéndonos en familia, con los amigos, un espacio dónde las personas no sólo vayan a comprar sino a pasar un buen rato.

Los espacios destinados para los niños en 9 ¾ son pequeños escondites o lugares con objetos en los que pueden dibujar, acostarse y jugar mientras aprenden y disfrutan de un buen libro. Para los más grandes hay salas privadas o mesas para compartir, todo rodeado de materiales cálidos, mobiliario, objetos y decoración que hablan de la alegría que nos regala una buena historia, un buen libro. Nuestro café es uno de los mejores de la ciudad, preparado por baristas expertos y con los mejores orígenes Colombianos.

Creemos en la imaginación, en la magia, en los sueños, en los recuerdos. Creemos que las mejores ideas y conversaciones nacen más fácilmente con acompañadas de un buen café. Sabemos que la tecnología puede ser la vara mágica para entrar en mundos inimaginables pero nunca destronará al rey: el libro.

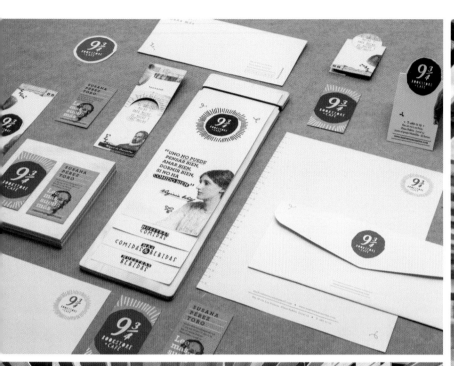

Dekoratio

Studio kissmiklos
Budapest ◊ Hungary
art direction & graphic design kissmiklos
interior design kissmiklos
photo Bálint Jaksa
www.kissmiklos.com

DEKORATIO

With my partner studio, the DekoRatio Branding and Design Studio we wanted to create an experience that inspires ambitious companies to use better design and to demonstrate how design can have a huge positive effect on their business.

That's why the number one goal was to design a space that offers a creative experiences and serves as a showroom for interior design and decoration. In the interior a line cuts through the space in the angle of the "K" from the DekoRatio logo. It divides the rooms between a clear white office space and an industrial space. This separation express the Studio's main characteristic: its capacity to do both brand strategy and design and also the actual production of signs and prints.

A corridor was built in the same angle to connect the reception with the rest of the studio and also to separate out a space for the account manager team. Its special shape in the reception is designed to create a visual image that "draws" the visitor into the studio.

Several references to branding and the design profession appear around the studio: the Lorem Ipsum sign on the wall or the round meeting table that is designed as a big Pantone Palette. The symbols of the world famous superhero characters are also a tribute to the extraordinary branding achievement of Disney, Marvel and MC. Comics are used throughout the studio as a reference to the role POP culture played in America in the evolution of applied art and advertising. In each room there is some comic illustration that has a connection with function of the room. The cupboard that serves to hide the boiler is covered with the word BOOM, in the meeting room, where stories are born, the main word is STORY, and the little table on which the complimentary chocolates are has the word POWER on it.

In the library-style social room the bookshelf was custom made from the letters of LEARN. Which is accompanied by a big "Believe in BETTER" sign that abbreviates to "Believe in BEER" as a sliding door opens across it.

Con mi socio de estudio, DekoRatio Branding and Design Studio, hemos querido crear una experiencia que inspire a otras empresas a utilizar mejor el diseño y mostrarles cómo este puede tener un efecto muy positivo en su negocio.

Es por eso que el objetivo número uno era diseñar un espacio que ofreciera una experiencia creativa y sirviera como una sala de exposición para el diseño de interiores y decoración.

Divide las habitaciones entre un espacio de oficina blanca clara y un espacio industrial, una línea corta creada inspirada en el ángulo de la "K" del logo Dekoratio. Esta separación expresa las características principales del estudio: su capacidad de hacer ambas cosas estrategia de marca y diseño, así como la producción real de los signos y grabados.

Un pasillo fue construido en el mismo ángulo para conectar la recepción con el resto del estudio y también para separar un espacio para el equipo gestor de cuentas. Su forma especial en la recepción diseñada para crear una imagen visual que "atrae" al visitante del estudio.

Varias referencias a la marca y la profesión del diseño aparecen alrededor del estudio: Lorem Ipsum cartel en la pared o la mesa de reuniones redonda que está diseñada como una gran gama de colores Pantone. Los símbolos de los superhéroes famosos son también un homenaje a la consecución de la marca extraordinaria de Disney, Marvel y MC. Cómics que se utilizan en todo el estudio como una referencia a la cultura POP usados en Estados Unidos en la evolución de las artes aplicadas y la publicidad. En cada habitación se incluye algún ítem de ilustración que tiene una conexión con la función de la misma.

El armario que sirve para ocultar la caldera está cubierto con la palabra BOOM, en la sala de reuniones, donde nacen las historias, la palabra principal es la historia, y la pequeña mesa en la que están los chocolates de cortesía tienen escrita la frase el poder es de la palabra.

En el salón social el estilo de la estantería de la biblioteca fue hecho a medida de las cartas de LEARN. Que se acompañan de unos carteles grandes "Believe in BETTER" que abreviado es "Bilieve in BEER" abriéndose como una puerta corredera a través de ella.

Designed typos with the Studio's mottos, strategy and goals appear around interior. They form part of the employer's branding effort, but they also give clients and other visitors a feel for the personality and values of the Studio.

Diseñamos tipografías inspiradas con los lemas, la estrategia y los objetivos del estudio, que aparecen en todo el interiorismo del proyecto, ya que forman parte del esfuerzo de la marca, y se consigue dar también a los clientes y otros visitantes una idea de la personalidad y los valores del estudio.

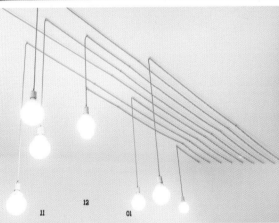

Dekoratio

Botanero Moritas

Studio Anagrama
Monterrey ◊ México
www.anagrama.com

Botanero Moritas is a traditional Mexican cantina located in San Pedro Garza García, México, distinguished by its regional cuisine typical of Northern Mexico. The cantina was founded in 1939, making it a distinctive site that is rich in both tradition and history. Botanero Moritas is targeted towards young adults who are looking to enjoy good food, drinks, and a classic experience.
The rebranding for Botanero Moritas ensued when its owner, a Mexican ex-boxer, contacted us. The client was looking to revamp the place while keeping its rich tradition alive. The objective was to develop a casual environment that placed its regional cuisine as part of the experience.
The branding was renovated and modernized alongside the cantina's interiors as well as its kitchen, while maintaining the essence of its past by keeping some of the original décor within the architectonic space. Botanero Moritas creates an environment that allows for a genuine experience typical of a historic regional cantina.

Botanero Moritas es una cantina típica ubicada en San Pedro Garza García, México, que se caracteriza por sus antojitos regionales del norte de México. Fundada en 1939, la cantina guarda un gran legado histórico y tradición. Botanero Moritas, esta dirigido a jóvenes que quieren disfrutar de buena comida y revivir una clásica experiencia.
Para el rebranding del Botanero Mortitas, fuimos contactados por el dueño de la cantina, un ex–boxeador mexicano que buscaba actualizar el espacio y a la vez, mantener viva la tradición de este lugar histórico. El objetivo era establecer un ambiente casual y añadir la comida como parte de la experiencia. La marca se modernizó junto con los interiores del lugar y su equipo de cocina. El lugar procerva la esencia del pasado, manteniendo parte de la decoración original dentro de su espacio arquitectónico. Botanero Moritas crea un entorno donde se puede convivir de una manera genuina, similar a la que se vive en una cantina regional típica.

Botanero Moritas

Botanero Moritas

CON DINERO Y SIN DINERO
YO HAGO SIEMPRE LO QUE QUIERO

Y MI PALABRA ES LA LEY

NO TENGO TRONO, NI REINA, NI NADIE QUE ME COMPRENDA
PERO SIGO SIENDO

EL REY

BOTANERO MORITAS DESDE 1939

Sushi & Co.

Agency Bond Creative
Helsinki ◊ Finland
designer Toni Hurme
producer Piia Suhonen
www.bond-agency.com

Sushi & Co. is a sushi restaurant on a Baltic Sea cruise ship that was in the need of a new visual identity. Bond designed a simple and clever logo and a brand identity. The new design incorporates Scandinavian elements with a sophisticated color scheme and oceanic symbols.

Sushi & Co. es un restaurante de Sushi situado en un crucero con recorrido por el Mar Báltico, este tenía la necesidad de una nueva identidad visual. Bond diseñó un logotipo sencillo e inteligente y una identidad de marca. El nuevo diseño incorpora elementos Escandinavos con una combinación de colores sofisticada y símbolos oceánicos.

Sushi & Co.

Casca

Studio kissmiklos
Budapest ◊ Hungary
art direction kissmiklos
graphic & interior design kissmiklos
photo Lackó Szögi
www.kissmiklos.com

CHOCOLATE BAR & CAFÉ

Casca (means 'shell' in Portuguese) is an artisan chocolate bar and café.
These special flavoured and spiced chocolate bonbons and products are made by the Kakas Bonbon manufactory. Their coffee is made by one of the best baristas and coffee specialist in Hungary, Tóth Sándor from Szekszárd.
When I took over this project a graphic design studio and an interior designer has already been working on its branding. I created a new branding, and redraw their logo - keeping the main concept in focus. The interior design was at the very first stages so I had the opportunity to create a harmony between the graphic design and the interior.
When designing the gallery and the sink area I had to adapt the design to the available surfaces. I made the colours more lively and a part of the overall design.
Apart from the basic structure of the interior there are many little details/gags that usually can be find in my works. If you have a look at the lamp or the consol on the wall - they are created from a tea jug and porcelain cup.
The chairs have been selected in order to take up less space but still be comfortable.
I choose a few workshop chairs that seemed to go well with Casca's interior.

CASCA (significa "cáscara" en Portugués) es una cafetería especializada en chocolate artesanal. Kakas Bonbon es el fabricante de estos bombones de chocolate con especiales sabores. Su café esta hecho por uno de los mejores especialista en café de Hungría, Sándor Tóth de Szekszárd.
Cuando nos hicimos cargo de este proyecto un estudio de diseño gráfico y un diseñador de interiores ya habían estado trabajando en su imagen de marca. Hemos creado una nueva imagen de marca, y hemos vuelto a dibujar su logotipo - manteniendo el concepto principal en el enfoque. El diseño interior se encontraba en las primeras etapas, así que tuvimos la oportunidad de crear una armonía entre el diseño gráfico y el interior.
En el diseño de la galería y la zona del lavabo hubo que adaptarse a las superficies disponibles. Utilizamos los colores más vivos, para estas zonas y como una parte importante del diseño general.
Aparte de la estructura básica del interior hay muchos pequeños detalles que por lo general se pueden encontrar en nuestra obra, como pueden ser la lámpara o la consola que se encuentra en la pared - que son diseños creados a partir de una jarra de té y taza de porcelana.
Las sillas se han seleccionado con el fin de ocupar menos espacio pero aún así estar cómodos.

Casca

alt. Pizza

Agency Bravo Company
◊ Singapore
creative director Edwin Tan
designer Michelle Yong, Kaelyn Quek
project management Janice Teo, Carisia Chew
interior design Joris Angevaare / designphase dba
photographer Nino Yaputra
www.bravo.rocks
www.designphasedba.com

Drawing inspiration from their laid back free-to-be-me culture, the ALT. Pizza persona is one that embodies an alternative spirit. We created a logo to anchor the brand – one that pays homage to the rampant signage found in bustling city areas.

Driven by the concept of music, the brand plays with loud album artworks and memorable lyrics to form a bold and engaging visual identity.

If you were asked to draw a pizza, you would very likely start with a circle, we began planning the concept for alt. on this basis. alt. is for those who are tired of those old formulas. It's a refreshing take on a well-known base product. alt. appeals to a younger audience who can relate to a "Street-Art"/graffiti concept with its connotations of culture, music and young hip fashion.

The pizzas from alt. are high quality, imaginative and affordable. alt. outlets are cool and approachable, (free) WiFi-connected, with an active, high-octane vibe. Adding real value to the customer's experience, management is fixated with their speed of delivery. Through Interior Design, they truly connect their message to the market with their brand, their concept and their customer experience. And the boxes they use for 'take-outs' are so attractive, they could be collectables!

Inspirándonos en la cultura relajada y libre -ser yo- en personas de espíruto alternativo que ALT. Pizza encarna, hemos creado un logotipo para conseguir consolidar la marca, uno que rinde homenaje a la señalización desenfrenada que se encuentran en las zonas de la ciudad que están llenas de vida.

Impulsados por el concepto de la música, la marca juega con las impactantes imágenes de portada y las letras memorables para formar una identidad visual atrevida y atractiva.

Si pidiéramos a cualquier persona que dibujara una pizza, sería muy probable que empezara este dibujo con un círculo, con esta base empezamos a planificar el concepto de Alt. Alt. apela a un público más joven que puede relacionarse con el concepto "Street-Art" / graffiti con sus connotaciones de la cultura, la música y la moda Young hip, es para aquellos que están cansados de las viejas fórmulas.

Las pizzas de Alt. son de alta calidad, imaginativas y asequibles. Sus puntos de venta son frescos y accesibles, con conexión WiFi gratuita, y con un activo ambiente de alto octanaje. A través de la velocidad en la entrega surge un valor real en el cliente por su buena experiencia, y a través del diseño interior, conseguimos conectar el concepto de la marca con el mensaje que se quiere dar al mercado. Las cajas que utilizamos para "take-outs 'son tan atractivas, podrían ser coleccionables!

alt. Pizza

Jugen

Studio Anagrama
Monterrey ◊ México
www.anagrama.com

Jugen is a brand specializing in health foods, especially juices made from all-natural ingredients and super foods. Since Jugen's products are created with the purpose to cleanse, heal, and detoxify the body, our design proposal takes inspiration from ancient herbal medicine bottles. We added modules to provide cleanliness, modernity and order, much like in a modern laboratory. For the interior design we created a space that is a mix between a bar and an apothecary shop. The lighting, mostly natural light from the sun, together with the lush vegetation, the lab equipment and flasks, and the diverse books, creates a natural, warm, and inclusive space.

Jugen es una marca de bebidas y productos nutricionales de alta calidad alimenticia. Nuestro concepto de diseño se inspira en el mundo de la botica medicinal, ya que Jugen ofrece productos que ayudan a sanar el cuerpo y eliminar toxinas. Nos inspiramos en frascos antiguos de medicina y diseñamos a partir de módulos para darle a la identidad un toque moderno y limpio. Para el diseño de interiores, creamos un espacio mezcla entre un bar y una tienda apotecaria. La iluminación, primordialmente de luz natural, y la vegetación, junto con los instrumentos de laboratorio y libros variados, crean un espacio natural y cálido que envuelve al visitante.

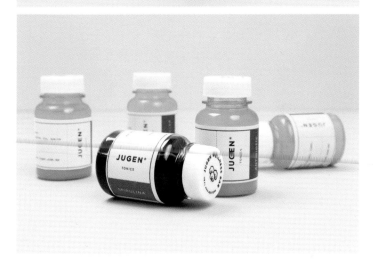

Jugen

Cut

Studio WIPdesign
Paris ◊ France
designers Sean Habig, Nicolas Wozniak
architects a-rr
illustrator Jeanpaul Lehfeld
www.wipdesign.com

Cuisine Urbaine & Traditionnelle

From naming and concept, to retail and identity creation, WIP designed the complete brand universe for CUT, a new take-away restaurant by the DSR Group.

CUT (Cuisine Urbaine & Traditionnelle) offers freshly made sandwiches, salads and snacks to students and visitors to the new Swiss Tech Convention Centre on the EPFL campus in Switzerland.

WIP diseñó el universo de marca completa de la CUT, un nuevo restaurante de comida para llevar del Grupo DSR. Desde la denominación y el concepto, hasta la creación de venta al por menor y la identidad.

CUT (Cocina Urbana y Tradicional) ofrece recién hechos sándwiches, ensaladas y bocadillos, tanto a los estudiantes como a los visitantes del campus de Swiss Tech Convention de la EPFL en Suiza.

Musk and Moss

Studio Kob & Co
Nuevo León ◊ México
design team Tatiana Posadas, Damian Flores, Mariana Narváez
construction management Berenice Gómez
construction supervision Carolina Basurto, Daniel Hernandez
photography GroovyChaos
www.kobandco.com

MUSK AND MOSS located in Monterrey, México, provides image assessment, styling and personal care, exclusively for men.

The venue was conceived to create the atmosphere of a primitive cave using hard cold finishing materials. The interior ambiance was designed to revive the vintage men's barbershops where a connection between the client, surroundings, and other activities was encouraged.

We designed each work station to consist of three elements: mirrors with perimeter LED lighting in black stainless polished steel, sabicu wood drawers which function as useful work tables with multiple outlets for barber accessories, and the barber chairs in black and chromed stainless steel.

The space is mainly made of two materials: polished concrete and granite, a material that holds its own unique composition in its vein patterns. These materials divide the space in different areas, granite defines the reception and working station and polished concrete bounds the hair washing and accessories showcase area.

The reception area was conceived to be more of an open space where people could interact directly with everyone without any barriers. The waiting couch was designed in leather to spread its particular scent and transmit a living room sensation along with a guitar for anyone to play their own guitar riffs.

Our graphic design concept is solely based on hand drawings. The sketches communicate the style and primitive essence of the space. It focuses on the idea that each customer is a work of art where the stylist is the artist.

MUSK AND MOSS ubicada en Monterrey, México, ofrece servicios de imagen, estilo y cuidado personal, exclusivamente para hombres.

El lugar fue concebido para crear un ambiente parecido al de una cueva primitiva utilizando materiales de acabado duro y frío. El interior fue diseñado para crear una conexión entre el cliente y el entorno, y hacerle sentir en una de las míticas barberías de hombres. Cada puesto de trabajo consta de tres elementos esenciales de diseño: espejos con iluminación perimetral LED en acero inoxidable pulido negro, cajones de madera que funcionan como mesas de trabajo, y las sillas de barbero en negro y en acero inoxidable cromado.

El espacio lo componen principalmente dos materiales: hormigón pulido y granito (un material esteticamente único por su propia composición con sus patrones venosos). Estos materiales dividen el espacio en diferentes áreas: el granito define la recepción y los lugares de trabajo, y el hormigón pulido los límites del lavado del cabello y accesorios del área de escaparate.

La zona de recepción fue concebida para ser un espacio abierto donde la gente interactúa directamente sin ningún tipo de barreras. El sofá de espera fue diseñado en cuero para que con su aroma particular transmitiera una sensación de estar en casa, incluimos una guitarra apoyada en su parte derecha para que cualquiera pueda tocar sus propias melodías.

Nuestro concepto de diseño gráfico se basa únicamente en dibujos hechos a mano. Los bocetos comunican el estilo y la esencia del espacio. El diseño se centra en la idea de que cada cliente es una obra de arte donde el estilista es el artista.

Musk and Moss

Emmaroz

Studio kissmiklos
Szeged ◊ Hungary
art direction kissmiklos
graphic & interior design kissmiklos
photo Balint Jaksa
www.kissmiklos.com

My inspiration for the interior design was feminity, purity and an original salon atmosphere. Entering through the door the customer is greeted by an imposing space, its centre is a monumental architecture object, a staircase that leads to the gallery. The structure is similar to a loom. The vast chandelier has the same effect, it hangs above the recepcionist's desk. Other parts of the interior have a classic style in mind. There's also a café corner, where people can talk or read. On the provance styled table there's a plate that is usually used for cakes, here it's decorated with colourful yarns. They look like macaroons from the distance. This association is on purpose, the connection of confectionery and fashion fits this place very well, subtle yet feminine. Up to date fashion magazines and books are making our waiting time much more pleasant with little architecture details like the drawers on the wall - functioning as bookcases. For children you can also find a swing here, it's a really important point in the design, the place got its name from the owner's daughter, Emmaroza. The space is mainly white, with yellow retro easy-chair and a yellow staircase.
On the gallery you find a room where they adjust sizes of clothing. There's a fitting room, yellow retro easy-chairs, and a shelf with the clients' folders. A white curtain and a short corridor divides the space where the sewing room is. This area is reserved for the tailors.
Under the gallery there's the designer shop. Emmaroz produces several clothing items for fashion designers - so we decided that it should have a place where they can sell them too.
At the front of the shop is the fitting room with a classical yellow piano chair, the restrooms with a sign above the mirror - you are beautiful -, and the sewing area.

The interior design is a mash up of the 19th century classic style and the beginning of the 20th century, the usual salon atmosphere, mixing it with a modern architectural design. Looking at the graphic design you can find many tailoring elements. However, the logo is created with modern typography in mind.
Szeged is a really pleasant and sweet town, with plenty of university students. We envisioned a place where turists and design fans would also like to visit, even just for a photo. This tailory could find a way to be at any huge town's fashion district.

Nuestra inspiración para el diseño interior era la feminidad, la pureza y un salón de atmósfera original.
Al entra el cliente es recibido por un imponente espacio, su centro es un objeto de la arquitectura monumental, una espectacular escalera que conduce a la galería. La estructura es similar a la de un telar. La gran lámpara de araña que cuelga sobre el escritorio de la recepcionista tiene el mismo efecto. Otras partes del interior están pensadas en un estilo clásico. También hay una zona de cafetería, donde las personas pueden hablar o leer. Sobre la mesa de estilo provenzal hay una bandeja que se utiliza generalmente para los pasteles, y aquí está decorada con madejas de hilos de colores que desde la distancia se ven como si fueran macarrones. Esta asociación está hecha a propósito, para crear una conexión de la confitería y la moda, que se ajusta a esta lugar perfectamente, sutil pero femenino. Las revistas y libros de moda suelen hacer que nuestro tiempo de espera sea mucho más agradable y con los pequeños detalles de la arquitectura como los cajones en la pared - que funcionan como estantes para libros, se consigue un toque de originalidad.

Para los niños también se pueden encontrar referencias, y además es un punto muy importante en el diseño, ya que el lugar debe su nombre a la hija del dueño, Emmaroza. El espacio es principalmente blanco, con sillones retro de color amarillo y una escalera del mismo color.
En la sala encontramos un exhibidor en la que se ajustan las ropas por tallas. Hay una habitación con estantes donde se encuentran las carpetas de los clientes, decorada con sillones retro de color amarillo.
Una cortina blanca y un corto pasillo dividen el espacio con el cuarto de costura. Esta área está reservada para los sastres.
Bajo la galería está la tienda de diseñadores. Emmaroz produce elementos varios de ropa para los diseñadores de moda - por lo que decidimos que debería tener un lugar donde poder venderles a ellos también.
En la parte delantera de la tienda está el probador con una silla de piano amarilla clásica, los baños con un punto de luces por encima del espejo - que son hermosas - y el área de costura. El diseño de interiores es un "mash up" del estilo clásico del siglo 19 y principios del siglo 20, la atmósfera habitual del salón, mezclada con un diseño de arquitectura moderna. Mirando el diseño gráfico se pueden encontrar en muchas ocasiones la adaptación de los elementos. Sin embargo, el logo se crea con una tipografía moderna.
Szeged es una ciudad muy agradable y dulce, con un montón de estudiantes universitarios. Nosotros creamos este espacio imaginado un lugar en el que tanto turistas como aficionados al diseño, pudieran visitar, aunque sólo sea para fotografiarlo. Este precioso estudio por su diseño podría encontrar un lugar en los distritos de moda de cualquier gran ciudad.

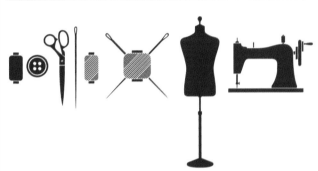

Emmaroz

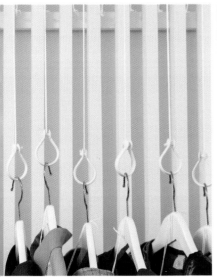

Emmaroz

GYÖNYÖRÜ VAGY!

CUT & SEW

CONTRACTOR

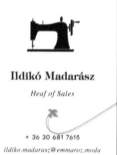

Ildikó Madarász

Heaf of Sales

+ 36 30 681 7615

ildiko.madarasz@emmaroz.moda

www.emmaroz.moda

ALL SH

Studio Linehouse
Shanghai ◊ China
architect Linehouse
photographer Benoit Florencon
www.linehousedesign.com

Located in the former French concession, Shanghai, on a tree lined street, ALL SH is a street wear shop selling clothing and shoes. The existing shell was stripped back to its raw state, exposing the patina of the concrete walls. The new insertion is a series of white thin vertical planes, installed at an angle through the space. The angle of these planes continues as stainless steel strips on the floor and ceiling, extending to the wall beyond, becoming mechanisms of display. Linehouse wanted to make the best use of the 20sqm space in order for the display of the product to be visible from the street, and draw consumers into the interior.

The strong angled insertions is further reinforced with the angled concrete bench located on the exterior and the mirror counter which reflects the surrounding street scape. In working with a minimal palette of mirror, white metal and stainless steel, there is a strong contrast between the existing and the new.

The space in-between the planes is filled with mirror, reflecting the rough existing shell and emphasising the thinness of the inserted walls. These mirror panels operate as storage units behind, the biggest being a changing room.

Situado en la antigua concesión Francesa de Shanghai, en una calle bordeada por árboles, ALL SH es una tienda de ropa street wear que vende ropa y zapatos. El rebozado de las paredes fue despojado de nuevo a su estado crudo, dejando al descubierto la pátina de los muros de hormigón. Se insertaron una serie de paneles planos, delgados y verticales en color blanco, en un ángulo a través del espacio. El ángulo de estos planos continúa como tiras de acero inoxidable en el suelo y el techo, que se extienden más allá de la pared, convirtiéndose en mecanismos de visualización, que el Linehouse Studio quería para hacer el mejor uso del espacio de 20 metros cuadrados y poder tener una mejor visualización del producto desde la calle, y atraer a los consumidores hacia el interior.

Las fuertes inserciones en ángulo se refuerzan aún más con el banco de hormigón situado en el exterior y el espejo que refleja el ambiente de la calle circundante.

Al trabajar con una paleta mínima el espejo, metal blanco y acero inoxidable, hay un fuerte contraste entre las zonas.

El espacio entre los planos se llena con el espejo, que refleja las paredes ásperas existentes haciendo hincapié en la delgadez de las paredes insertadas. Estos paneles de espejo funcionan en su parte trasera como unidades de almacenamiento, siendo el más grande de ellos un vestuario.

Maria Salinas

Studio Anagrama
Monterrey ◊ México
www.anagrama.com

María Salinas is a Mexican jewelry design shop that creates custom and personalized pieces using gold, silver, precious and semi-precious stones. Maria Salinas wanted a brand that would express the quality and uniqueness of each of their custom pieces, as well as their fine attention to detail.

The brand uses color and typographic subtraction to convey elegance and classic timelessness. Black and gold create the ideal ambiance to bring out the glitz in the brand's jewelry. The logo, with its sublime refinement and simplicity, is reminiscent of those found in high-end fashion brands.

Since Maria Salinas offers personalized pieces where, together with the client she exchanges and sketches ideas, we integrated tangible grid patterns throughout the branding and the shop's interior design.

Maria Salinas es una marca mexicana de diseño, fabricación y venta de joyería personalizada elaborada con oro, plata y piedras preciosas y semipreciosas. Maria Salinas quería que diseñáramos una marca que hiciera resaltar la calidad, originalidad y la atención al detalle presente en cada una de sus piezas.

Nuestra propuesta utiliza el color y la sustracción tipográfica para comunicar elegancia y feminidad clásica. La combinación de negro y dorado es la ideal para hacer lucir cada pieza de joyería. El refinado logotipo es evocativo de detalles encontrados en marcas de alta moda.

Ya que Maria Salinas ofrece servicio de personalización de piezas donde con el cliente intercambia y dibuja ideas, decidimos integrar una tangible retícula a través de la identidad y los interiores de la marca.

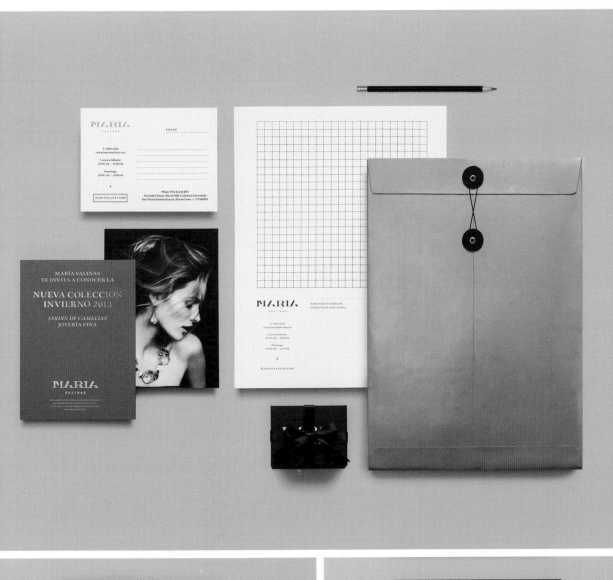

Barrita Burrito

Studio Plasma Nodo
Medellín ◊ Colombia
furniture & interior design Plama Nodo
graphic design Plama Nodo
photographer Alejandro Arango
www.plasmanodo.com

A former client, creator of projects such as MONTADITOS, asked PLASMA NODO the concept creation and design (graphic and interior) of his new project: BARRITA BURRITO, a fast food Mexican restaurant, with well prepared food and attention to details and ingredients, but that was easy to replicate and expand (including through franchising). The design language seeks to be close and fun while retaining traditional elements of the Mexican culture such as textures and colors without falling into folklore. For the selection of architectural materials, we took some elements present in the work of some of the leading Mexican architects like Luis Barragán. For the prototype restaurant, a 2 level location was chosen in the traditional neighborhood "Laureles", in Medellín, an area of rapid growth in gastrononoy, bars and cafes.

The first level holds the production area, storage, self-service, a mini-market, a bar for guests who need to make a quick stop for food, and some private tables. On the second floor we placed bathrooms, a terrace and tables in a more quiet and peaceful environment.

Un antiguo cliente, creador de proyectos como MONTADITOS, nos encargó la conceptualización y diseño (gráfico e interior) de su nuevo proyecto: BARRITA BURRITO, un restaurante Mejicano de comidas rápidas bien elaboradas, con cuidado del detalle y de los ingredientes, pero que fuera de fácil replicabilidad y expansión (incluso mediante el modelo de franquicias).

El lenguaje del diseño busca ser cercano y divertido pero conservando elementos tradicionales de la cultura como las texturas y los colores sin caer en el folclore. Para la selección de los materiales arquitectónicos se tomaron algunos elementos presentes en la obra de algunos de los principales arquitectos mejicanos, como Luis Barragán.

Para el prototipo fue escogido un local de 2 niveles en el tradicional barrio Laureles de Medellín, una zona de rápido crecimiento en gastrononomía, bares y cafés.

En el primer nivel se ubicaron la zona de producción, la bodega, el auto-servicio, un mini-mercado, una barra para los comensales que necesitan hacer una parada rápida y algunas mesas privadas. En el segundo nivel se encuentran los baños, una terraza y más mesas en un ambiente más silencioso y tranquilo.

Barrita Burrito

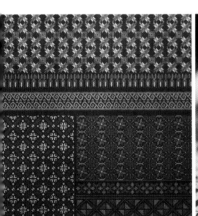

Germina

Studio Savvy
Ciudad de México ◊ México
designer Bernardo Domínguez
photographer Diego Berruecos
www.savvy-studio.net

Germina reinterprets Mexico's traditional market stalls, selling product in bulk with a wide range of seeds, grains and cereals: from poppy seeds to different varieties of quinoa, dried spicy chickpeas as snacks or nutritious cereal bars - all catering towards more health-conscious lifestyles.
The design was crafted as a contemporary take on typical market aesthetics and experience, mostly resulting from a direct relationship between customer and vendor, through a clean, modern graphic language.
All designs seek to be extremely practical, using basic packaging made from recycled materials – all customisable – emphasising the product's name, weight and price, thus, following the rituals from habitual market shopping experience.
Natural, almost rustic materials communicate the brand's core values in a very direct manner, glorifying its products and the trade's casual nature. The weighing scale is in itself the very core of Germina's branding, and as such, a vintage one was placed – almost altar-like – at the centre of the main display, connoting the shop's functional, human and traditional essence.

Germina rescata la tradición mexicana de la venta de productos a granel para ofrecer semillas, granos y cereales orgánicos; desde amaranto hasta semillas de amapola, todo tipo de quinoa, garbanzos, trigo y decenas de tipo de nuez, botanas enchiladas y barritas nutritivas – un amplio espectro de productos pensados para un estilo de vida saludable.
El diseño se planteó precisamente como una reinterpretación de los elementos tradicionales de mercados mexicanos, desde los productos que se suelen encontrar, hasta la experiencia de compra y la relación cálida que se da entre vendedor y cliente, bajo un lenguaje gráfico contemporáneo conformado por líneas limpias y sencillas.
Todas las aplicaciones para la marca han sido formuladas bajo el concepto de practicidad, utilizando empaques básicos en material reciclado –cada uno personalizable– haciendo énfasis en el nombre, el peso y el costo del producto, así como se hace tradicionalmente en un puesto a granel.
Los materiales crudos y acabados rústicos permiten que se comuniquen los valores de la marca de forma directa, glorificando los productos y la naturaleza casual de este tipo de comercios. La báscula en sí es el centro de la identidad de Germina y como tal, el diseño del mobiliario se planteó para albergar en el centro –casi a manera de altar– una báscula antigua de reloj, denotando el carácter funcional, humano y típico del puesto.

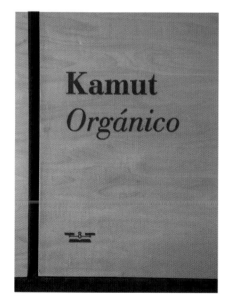

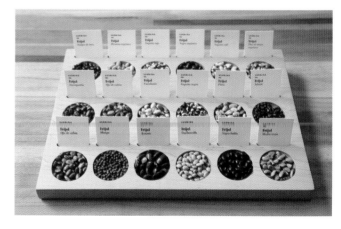

Germina

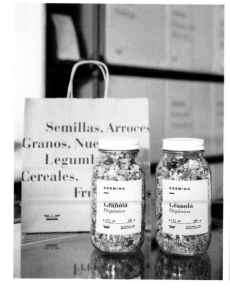

Novelty

Studio Anagrama
Monterrey ◊ México
design Anagrama
www.anagrama.com

Novelty is a shopping boutique that retails casual apparel to chic young women with a taste for fresh, modern fashion. The shop started up as a project by Novelty's partners once they returned from the exciting and ever-evolving New York fashion scene. The shop was to feature handpicked items that could be considered quirky and novel trendsetters, something you couldn't find in any other shop, hence our choice for naming. Located in Calzada del Valle, a gardened boulevard inside the exclusive area of San Pedro, a suburb of the larger metropolitan city of Monterrey, Mexico. Novelty is the high-end fashion store of curiosity shops.

Like its attire inventory, the brand is sober and feminine but has the ability to thrive among more eccentric elements, such as the watercolor marks in the stationery or the collage-like composition of its printed ad.

Novelty es una tienda de ropa para mujeres jóvenes con un gusto por la moda fresca y moderna. La tienda empezó como un proyecto cuando regresaron sus socias de la brillante escena de arte y moda en Nueva York. La tienda ofrece una selección de artículos que pueden considerarse tendencias extravagantes y originales, que no se encuentran fácilmente en otra tienda. Es por eso que seleccionamos Novelty para el nombre de la marca. Ubicado en Calzada del Valle, un bulevar con jardines en el interior de la exclusiva zona de San Pedro, un suburbio de la ciudad metropolitana de Monterrey, México. Novelty es una tienda de curiosidades dedicada a la moda.

Al igual que su ropa, la marca es sobria y femenina, pero tiene la habilidad tener elementos más excéntricos, como las marcas de acuarela en la papelería o la composición estilo collage en su anuncio impreso.

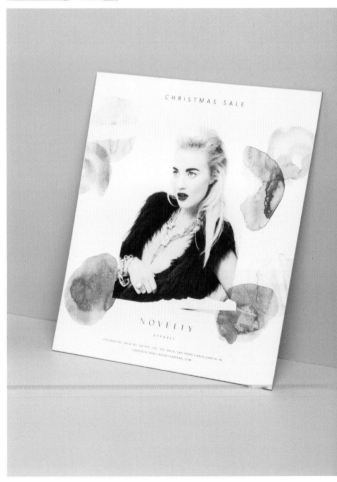

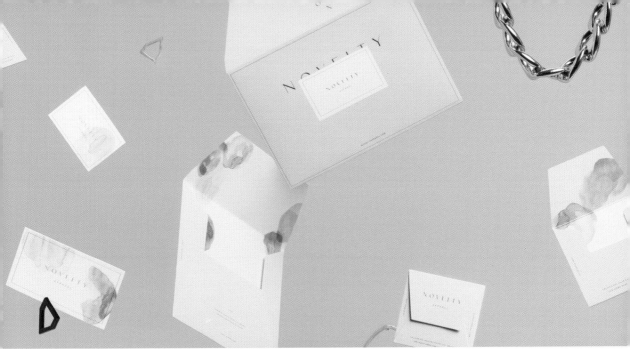

Novelty

Tomás

Studio Savvy
Ciudad de México ◊ México
designer Eduardo Hernández
photographer Alejandro Cartagena
www.savvy-studio.net

Tomás is a tea house that, through its carefully curated selection, portrays the history, tradition and culture of the place of origin of each of its products.

The name Tomás references an important figure in tea's modern history – Thomas Sullivan – who was a New York-based merchant that carefully wrapped tea leaves in individual fabric sachets, patenting thus the first commercial tea bag.

Through a simple and clean identity, we portray tea itself as an experience – through scent and taste – that translates into wellbeing for body and mind. Our design is inspired upon the lifestyle that surrounds the daily ritual of drinking tea for which we developed a complex graphic system that helps identify all of Tomás' products, categorising and emphasising their origins and key attributes and benefits.

The interior design reinterprets the romantic elements that surround the culture of tea-drinking into a modern setting, using a colour palette that talks about the wide variety of blends the brand has to offer. They communicate a complex ritual, in knowledge and understanding, where each client is invited to create their own environment and their own moment. The main room is an introduction to both products and scents, featuring each individual tea packaged in large tin containers, unified and coded by the graphic language we developed. There is a secondary experiential bar where a variety of scents and fragrances can be examined and enjoyed, bringing the consumer closer to the colours and textures of Tomás' tea blends, along with more detailed information about each one and their composition.

A home-like feeling is present in all of the interiors, but more so in the tea room. The furniture was designed by combining materials such as wood, ceramic and leather, crafted to complement the products' values and functional needs.

Tomás, es una casa editora de té que transmite, a través de su cuidadosa selección, la historia, la tradición y la cultura propia del lugar de procedencia de cada uno de sus productos.

Inspirados en sus orígenes, el nombre de Tomás hace alusión a un personaje notable de la historia moderna y comercial del té –Thomas Sullivan–, quien envolvía las hojas de té dentro de pequeñas bolsas individuales de seda antes de distribuirlas.

A través de una identidad sencilla y atractiva, buscamos una unificación y conexión humana, posicionando el té como una experiencia de aroma y sabor que se traduce en bienestar para el cuerpo y la mente. El diseño se inspira en el estilo vida que rodea al consumo rutinario del té, la glorificación de los rituales de reflexión y lectura y el enaltecimiento de la salud. Desarrollamos un sistema gráfico para identificar todos los productos de Tomás, haciendo más presente la relación con sus orígenes y los beneficios que aporta cada uno.

Los interiores reinterpretan elementos románticos que rodean a la cultura del té en un escenario moderno, utilizando una paleta de colores que hace alusión a las variedades de mezclas que ofrece la marca, exaltando la experiencia del té en un ritual de conocimiento y comprensión, donde cada cliente crea su propio espacio y su propio momento. En el cuarto principal se introducen los productos y a los distintos aromas, no solo en la barra principal –con la selección completa de productos, enlatados individualmente y codificados por el lenguaje gráfico–, pero también en una barra de experiencias donde el consumidor puede apreciar el olor, el color y la textura de una selecta variedad, ofreciendo información detallada, acercándose así más a cada uno.

El salón de estar se plantea como un espacio donde la gente pueda sentirse como en casa, a través de un mobiliario sencillo –que combina materiales como madera, cerámica y piel– diseñado específicamente para acentuar el producto y su función.

The walls feature a series of custom, hand-painted illustrations, that portray the concept of tea, in through therms of culture, production and consumption. This, along with a few other vintage elements, communicate a sense of balance between modernity and tradition.

Este espacio está complementado por ilustraciones que representan diversos elementos relacionados con la cultura del té, desde su cultivo hasta su degustación. Este elemento se replica mediante intervenciones en cuadros antiguos, proponiendo un balance entre tradición y modernidad.

Tomás

Tomás

Pince & Pints

Agency Bravo Company
Singapore ◊ New York
creative director Edwin Tan
designer Michelle Yong
project management Carisia Chew
www.bravo.rocks

We were tasked to create an identity for a local restaurant and bar that specialises in lobster dishes. With that in mind, we named it after the two prominent elements in the restaurant – the lobster's pincer and the pints of beer.

We created a lobster centric identity for Pince & Pints, one that looks modern yet rustic at the same time. We wanted Pince & Pints to step out of the fine dining environment where everything is prim and proper. At Pince & Pints, there is no dining etiquette. There is no proper way to eat a lobster, consumers would eat their lobsters whatever way they want. Our idea of Pince & Pints is a comfortable place people head to after a hard day's work where they wouldn't mind dirtying their pincers and making a mess.

Se nos designó la tarea de crear una identidad para un bar restaurante local que se especializa en platos de langosta. Pensando en sus características, creamos el nombre del restaurante usando los elementos Pince de la langosta y las Pints de cerveza, PINCE & PINTS.

Hemos creado una identidad centrada en la palabra langosta para Pince & Pints, uno que se ve moderno y rústico a la vez. Quisimos Pince & Pints para salir del entorno de alta cocina en el que todo es correcto y formal. En Pince & Pints, no hay una etiqueta en la mesa. No hay manera correcta de comer una langosta, los consumidores se comen sus langostas de la forma que ellos quieran. Nuestra idea de Pince & Pints es un lugar cómodo al que la gente se dirige después de un duro día de trabajo y en el que no les importa ensuciarse las "pinzas".

DID YOU KNOW?

OUT OF 1000
LOBSTER EGGS, ONLY 1
WILL SURVIVE UNTIL
ADULTHOOD.

PINCE & PINTS

DID YOU KNOW?

LOBSTERS HAVE
THE ABILITY TO
REGENERATE SOME OF
THEIR BODY PARTS.

PINCE & PINTS

DID YOU KNOW?

LOBSTERS ARE
CAUGHT IN THE WILD,
NOT FARMED.

PINCE & PINTS

Pince & Pints

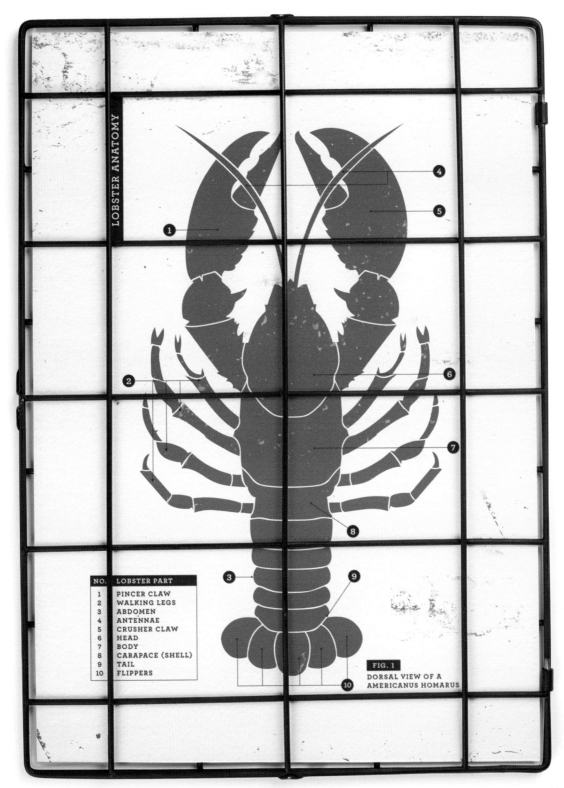

LOBSTER ANATOMY

NO.	LOBSTER PART
1	PINCER CLAW
2	WALKING LEGS
3	ABDOMEN
4	ANTENNAE
5	CRUSHER CLAW
6	HEAD
7	BODY
8	CARAPACE (SHELL)
9	TAIL
10	FLIPPERS

FIG. 1
DORSAL VIEW OF A
AMERICANUS HOMARUS

Pince & Pints

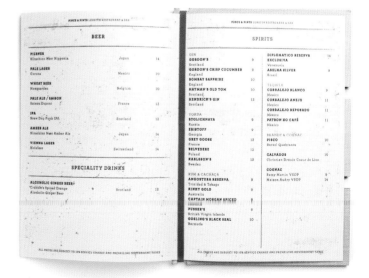

Visual Mass

Agency Bravo Company
Singapore ◊ New York
creative director Edwin Tan
designer Michelle Yong
website Faris Kassim
rending Laank
project management Carisia Chew
www.bravo.rocks

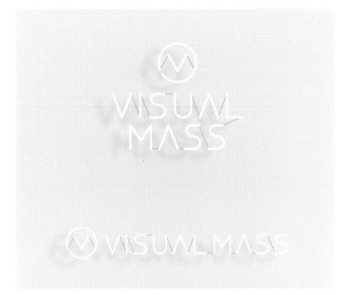

Visual Mass is an alternative optometry/ eyewear brand with a mission to provide sight for the masses without the clutch of unreasonable pricing. Having grown from a tiny kiosk to a proper brick and mortar store, we were tasked to give the brand a whole new identity.

Logo takes cue from the visual aesthetics of neon lightings while monogram cleverly contains the initials of the brand. Additional considerations were given to the small floorspace of the store. For example, overhead storage compartment and sliding door were utilised to minimise structural footprint.

Visual Mass, es una marca alternativa de gafas con la misión de proporcionar a precios razonables, monturas y cristales que mejoren la vista de sus clientes. Después de haber pasado de ser un pequeño quiosco a ser una tienda adecuada de ladrillo y mortero, nos encomendamos en dar a la marca una nueva identidad.

El logo toma el ejemplo de la estética visual de los equipos de luces de neón, mientras que el monograma contiene hábilmente las iniciales de la marca. Se tuvo muy en consideración la pequeña superficie útil de la tienda. Por ejemplo, se crearon compartimientos de almacenaje en la parte superior y se puso puerta corredera para optimizar la utilización del espacio.

Visual Mass

Kindo

Studio Anagrama
Monterrey ◊ México
design Anagrama
photography Studio Tampiquito
www.anagrama.com

Kindo is an exclusive boutique for kids' clothing and accessories in San Pedro Garza Garcia, Monterrey, Mexico. The goal was to create a shopping experience that stood out among the rest so it could be an interesting space. Our solution was to merge aesthetics, form and function into one simple element.

We found inspiration in a timeless didactic toy called "bead maze", this toy is made up of geometric shapes, and uses simple figures as its base, which are moved along coloured pipes. Kindo's color palette attempts to reflect a child's personality, using a wide range of bright pastel and neon colors.

The brand is a mix of the classic and the new, we wanted to create a functional circulation flow that lead the shoppers through the tangled maze. The challenge was to give order while still maintaining a fun dynamic aesthetic throughout the interior design. We used galvanised steel pipes, wood, and fiber glass to build a functional and organized sales display that classified clothing according to gender, accessories, shoes, and toys. This created a way for adults and children to resonate with this classic toy blown up to human scale proportions allowing them to interact with it in a fun and unexpected shopping experience.

Kindo es una boutique exclusiva de ropa y accesorios para niños, ubicada en San Pedro Garza Garcia, Monterrey, México. Nuestro objetivo, era crear una experiencia que fuera totalmente diferente a la típica experiencia de compras y diseñar un espacio interesante. Nuestra solución incorpora la estética, forma y función para dar como resultado un elemento inesperado y simple.

Nos inspiramos en un clásico juguete didáctico llamado laberinto de formas, este juguete contiene figuras geométricas que se mueven a través de unos laberintos de alambres de color. Creamos un espacio didáctico, en el cual los atributos de este juguete fueron utilizados y exagerados. La paleta de color busca reflejar la personalidad de un niño utilizando una gama de colores pasteles y neones.

La marca es una mezcla entre lo clásico y lo nuevo, quisimos crear un flujo de circulación que fuera funcional y que dirigiera a los compradores, mientras que estuvieran dentro de este laberinto. El reto fue crear orden al mantener la estética dinámica y divertida en el diseño de interiores del local. Usamos tuberías de acero, madera y fibra de vidrio para construir un sistema de exhibición, que sirve para organizar la ropa y accesorios. El resultado es un espacio donde los niños y adultos, pueden interactuar con este juguete clásico, creando una experiencia de compras inesperada y muy divertida.

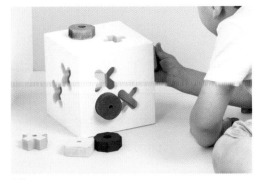

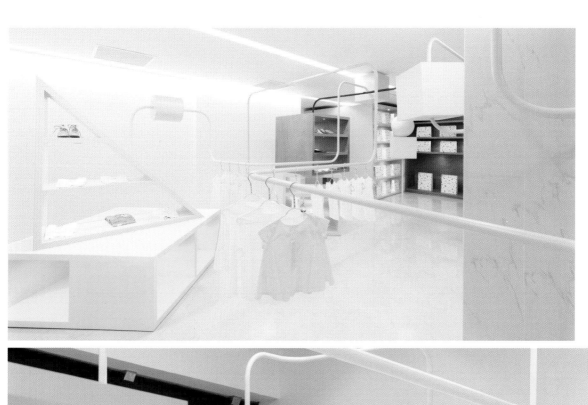

Kindo

Casa Bosques

Studio Savvy
Ciudad de México ◊ México
designer Eduardo Hernández
photographer Alejandro Cartagena
www.savvy-studio.net

The branding and the interior design for the shop were both developed according to four ruling concepts which follow the constants set by Casa Bosques: informative, simple, friendly and straightforward.

The applications are intuitive and clean, they use a combination of rubber stamps with offset printing and the band that covers the books and magazines is later reused as a bookmark.

We created a space that conveys the feeling of a sitting room – a relaxed and cozy atmosphere where the publications on display can be taken and read on the couch. The design was developed in conjunction with the house's original architecture.
In collaboration with Jorge Diego Etienne.

El branding y el interiorismo de la librería están desarrollados bajo cuatro conceptos principales que siguen los lineamientos planteados por la identidad de Casa Bosques: informativo, sencillo, amigable y conciso.

Las aplicaciones son intuitivas y sencillas, cuentan con un sistema de sellos e impresión en offset y el protector de los libros y de las revistas se convierte también en un bookmark.

Para la librería buscamos crear un espacio que se comportara como la sala de una casa, un ambiente relajado y acogedor donde se puede tomar y leer cualquiera de los libros en exhibición. El diseño fue ideado teniendo la arquitectura original de la casa en mente.
En colaboración con Jorge Diego Etienne.

Bar Brutal

Studio Lo Siento
Barcelona ◊ Spain
lettering handmade Jandro Martinez
photography Mariano Herrera
www.losiento.net

A Wine shop which wholesales wine and a bottle bar exposed to the customer view with vermouth and seafood, cheese and cold meat tapas. The place is also a Can Cisa wine shop. Both businesses share a space but also have distinct graphic identities. The graphic concept of the Brutal Bar is based on the idea of the revolution, hence the hand marked messages of a socially combative character on the windows.

Bodega con venta de vino a granel y bar de botellas a la vista con vermut, tapas de marisco, queso y embutidos. El local es también una tienda de vinos, Can Cisa. Ambos negocios comparten espacio pero tienen identidades graficas distintas. El concepto gráfico del Bar Brutal esta basado en la idea de la revolución, de ahí los mensajes rotulados a mano en los cristales con carácter reivindicativo.

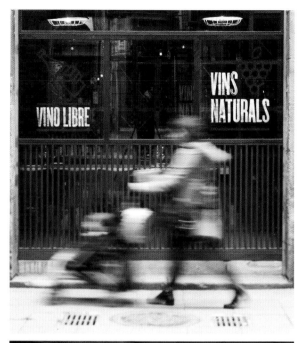

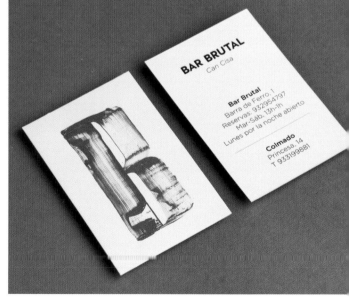

Mamva

Studio Anagrama
Monterrey ◊ México
www.anagrama.com

MAMVA is a popular health-food restaurant located in San Pedro Garza García, Mexico that serves fresh smoothies, juices, salads and paninis. Our proposal uses symbolism and easy, simple language to communicate friendliness and natural health. Drawing from the idea that eating healthy is the best medicine, we featured the snake thanks to its status as a symbol of health and medicine since ancient times.

The color palette and rough materials give a care-free tropical vibe. The logotype presents a built-in, all-in-one practical guide to everything Mamva, such as its schedule and phone number. The brand also uses a simpler version of the logo in seal form, a nod towards its excellent food quality.
Finally, reaching across the branding spectrum to the shop interiors, the plant stalks pattern tightly rounds up the entire brand.

The interior design, with its enduring use of undisguised materials such as concrete, wood and marble, strives to be as honest as possible. The design embraces nature, so we included special space to plant vegetation. In addition, the ceiling has a unique and dynamic form inspired on the natural topography of mountainous ranges. The geometric ceiling amidst the steel furniture creates the perfect balance between modernity and warmth.

Ubicado en San Pedro Garza Garcia, MAMVA es un restaurante de comida saludable que utiliza sólo los más frescos ingredientes en sus platillos y bebidas. Nuestra propuesta utiliza simbolismo y un lenguaje muy simple para comunicar amabilidad y salud. Gracias a su status como símbolo de salud y medicina, tomamos la víbora como ícono principal de la marca.

La paleta de color y los materiales toscos brindan una informalidad tropical propia a la marca. El logotipo sirve como una guía todo-en-uno, práctico e informativo sobre muchas cosas MAMVA, tal como su horario y número telefónico. También está presente un logotipo mas sencillo, el cual se usa como sello de calidad alusivo al carácter de sus frescos alimentos. Finalmente, el patrón de plantas sirve para envolver la marca entera, desde el branding hasta los interiores.

El interior busca ser lo más honesto posible, utilizando casi en su totalidad materiales toscos como el concreto y la madera. Es un diseño que evoca la naturaleza y por eso diseñamos espacios especialmente para instalar vegetación. Adicionalmente, el techo tiene una forma dinámica e irregular inspirada en la topografía natural de un terreno montañoso. El contraste con las formas geométricas de acero en el mobiliario logra el balance perfecto entre modernidad y calidez.

Mamva

Little Miss Dive Shop

Studio **Athlete**
Adelaide ◊ Australia
designer **Mark Harley**
illustrator **John Draper, Bonnin Creative**
photographer **David Sievers Photography, CR3 Studio**
www.athletestudio.com.au

Little Miss Dive Shop is the latest project from pop-up gurus The Little Miss Group. As the name suggests, the venue pays homage to all things diving themed, from dive equipment to nautical and fishing paraphernalia. Athlete was responsible for all elements of the Dive Shop branding, from identity development, menus, drink coasters, signage and the launch party invitation.

Little Miss Dive Shop es el último proyecto de los gurús del pop-up del grupo de The Little Miss. Como su nombre indica, el lugar es un homenaje a todas las cosas con tema de buceo, desde el equipo de buceo hasta cualquiera de los artículos de la náutica y de la pesca. Athlete Studio fue responsable de todos los elementos de la marca de la tienda de buceo, desde el desarrollo de la identidad, catálogos, posa vasos, la señalización y la invitación de la fiesta de lanzamiento.

Little Miss Dive Shop

Little Miss Dive Shop

Little Catch

Studio Linehouse
Shanghai ◊ China
architect Linehouse
graphics Evelyn Chiu
photographer Drew Bates
www.linehousedesign.com

Located on one of Shanghai's busiest streets alive with local food stalls, small restaurants, shops and sidewalk activity, Little Catch is a fishmonger specialising in fresh and cooked seafood. LINEHOUSE created a three dimensional net that externally reaches into the street as a canopy and envelops the customers as they enter into the shop. On the ceiling the net, constructed out of a white powder coated metal structure infilled with white mesh of varying densities and transparencies, opens up in areas to create additional shelving for products. On the walls the metal structure folds and bends to hold the fresh seafood display, the cashier, product shelving and a table seating two.

The flooring is rough concrete and the wall finish glossy white tiling of three different sizes composed to incorporate wall shelving and the menu boards. The menu boards took inspiration from interchangeable letter signs but was incorporated into the final wall finishes using aluminium strips and clear acrylic words. Above wooden oak shelves complete the elevation for product display. The fresh seafood display are made out of custom made stainless steel trays.

The exterior façade is a composition of clear glass windows and mesh panels, the main focus being an extending stainless steel vitrine for the main fresh seafood display. The exterior sign features simply a blue fish printed on canvas and a neon sign fixed on top.

Situado en una de las calles más concurridas de Shanghai, entre locales de comida, pequeños restaurantes, tiendas, Little Catch es una pescadería especializada en pescados y mariscos, frescos y cocinados. LINEHOUSE ha creado una red tridimensional que llega hasta el exterior de la calle como un dosel y envuelve a los clientes a medida que entran en la tienda. En el techo es de red, construida a partir de un recubrimiento de polvo blanco infilled estructura metálica con malla blanca para conseguir distintas densidades y transparencias, que se abre en áreas para crear estanterías adicionales para los productos. En las paredes de la estructura metálica se pliega y se dobla para sostener la pantalla de mariscos frescos, el cajero, estanterías producto y una mesa con capacidad para dos personas.

El suelo es de hormigón y el acabado de la pared es de mosaico brillante blanco en tres tamaños diferentes, compuestos para incorporar estanterías de pared y los tableros de menú. Los tableros de menú están inspirados en las muestras de letras intercambiables, que finalmente se incorporaron en la pared mediante tiras de aluminio y con palabras de acrílico transparente. Por encima de los estantes de madera de roble se completó el resto del espacio para la exhibición de productos. La pantalla de mariscos frescos está hecha de bandejas de acero inoxidable a medida.

La fachada exterior es una composición de ventanas de vidrio transparente y paneles de malla, el objetivo principal es el de ser una vitrina de acero inoxidable que se extiende de la pantalla principal de mariscos frescos. El símbolo exterior presenta simplemente un pescado azul impreso sobre lienzo y un letrero de neón fijado en la parte superior.

Little Catch

PROMOTIONS
KING CRAB 20% OFF!

SPICY SEAFOOD TOM YUM
HOMEY CLAM CHOWDER
SMOKED SALMON BAGEL
COD EN PAPILLOTTE
LOBSTER ROLL

PRE ORDER FRESH SEAFOOD

₩30/100G

SMOKED SALMON
SPICY SEAFOOD TOM
HOMEY CLAM
CHOWDER
COD EN PAPILLOTTE

SEAFOOD
PROMOTIONS /100G

PRE ORDER FRESH

ALFONSINO BHUTAN
RED SNAPPER JAPAN

TUA TUA CLAMS NEW ZEALAND
KING CRAB JAPAN

Can Pizza

Studio Lo Siento
Barcelona ◇ Spain
photography Inma Quesada & Lo Siento
www.losiento.net

Pizzeria of the Prat de Llobregat 10 minutes away from Barcelona, with a wood-fire oven which delivers some very good pizzas. At the graphic level, the studio Lo Siento has decided to base its proposal on a homage to the tomato and the mozzarella, two of the main ingredients of every pizza. All the claims/slogans on the walls are created by the studio and painted manually with templates.

Pizzería de El Prat de Llobregat a 10 minutos de Barcelona, con un horno de leña de donde salen unas pizzas muy buenas. A nivel gráfico el estudio Lo Siento ha querido basar su propuesta en un homenaje al tomate y a la mozzarella, dos de los principales ingredientes de cualquier pizza. Todos los claims / slogans de las paredes son creados por el estudio y pintados manualmente con plantillas.

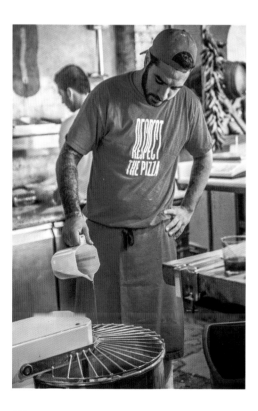

Respect the pizza

Can Pizza

La Condesa

Studio Plasma Nodo
Medellín ◇ Colombia
designers Santiago Bohórquez, Daniel Mejía, Sara Ramírez
photographer Daniel Mejía
www.plasmanodo.com

Created away from the traditional standards of delicatessens, LA CONDESA seeks to make visitors feel special. From its food and drinks to the furniture design, this place was designed to awaken feelings.

There are 3 areas in one place that allow guests to have different sensations: the terrace is the place to spend a pleasant evening enjoying different dishes and drinks from our menu. The bar is the spot to make friends while enjoying a cocktail or our selection of appetizers, a more relaxed place to enjoy during the night. Finally the lounge: the sofas, the reflections on the ceiling and dim lighting create a magical and intimate atmosphere to comfortably share an evening full of stories and memories while enjoying good food.

LA CONDESA is designed for the enjoyment of the senses, to share with friends in a beautiful atmosphere where you can get away from reality for a while.

Creado lejos de los estándares tradicionales de las charcuterías, LA CONDESA busca hacer sentir especiales a sus visitantes: desde sus platos y bebidas hasta el mobiliario, el espacio está pensado para crear sensaciones.

Son 3 espacios diferentes en un mismo lugar que permiten vivir diferentes sensaciones: la terraza es el sitio pasar una tarde agradable disfrutando de los diferentes platos y bebidas de nuestra carta. La barra es un espacio para hacer amigos mientras se disfruta de un coctel o de unas entradas, un ambiente más relajado para pasar la una noche. Por último el salón, los cómodos sofás, los reflejos en el techo y la tenue iluminación crean un espacio mágico y más íntimo para compartir cómodamente una tarde y una noche llena de historias y recuerdos mientras se disfruta de un buen plato.

LA CONDESA está pensada para el disfrute de los sentidos, para compartir entre amigos en un ambiente mágico, para alejarse de la realidad.

Lando

Studio Lo Siento
Barcelona ◊ Spain
www.losiento.net

LANDO is a restaurant based from a European classic cuisine, without fear to flee from the Mediterranean, with generous portions, where nothing is held up, where the kitchen is not conceived if it is not in motion. All the graphics for this projects are handmade.

LANDO es un restaurante basado de una cocina clásica Europea, sin huir de la cocina Mediterránea, con porciones generosas, donde la cocina no se concibe si no está en permanente movimiento creativo. Todos los gráficos de este proyecto están hechos a mano.

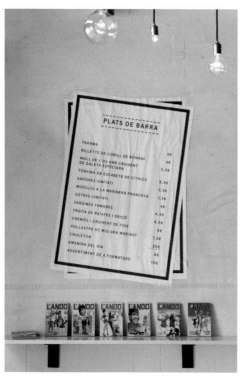

Lando

Minister

Studio Ostecx Créative
Poznan ◊ Poland
www.ostecx.com

Minister Café was a complex, almost multidisciplinary project. For the first time we had the opportunity to combine work on the visual identification of a new brand with interior design. Minister Café graphic design and the décor is based on the concept of Minister brand beer, but is only the interpretation and not just a simple continuation of the idea, which can be easily construed looking at the nature and products of the place. And thus, in close cooperation with friendly owners, a Café was launched for anyone who likes beer.

Minister Café era un proyecto complejo y multidisciplinar. Por primera vez tuvimos la oportunidad de combinar el trabajo en la identificación visual de una nueva marca con un diseño interior. El diseño gráfico y la decoración en Minister Café se basa en el concepto de marca de cerveza Minister, pero es sólo la interpretación y no una simple continuación de la idea, que puede ser fácilmente construida viendo los productos de la naturaleza del lugar. Y así, en estrecha cooperación con los dueños, Minister se puso en marcha para cualquier persona que le gusta la cerveza.

Temari

Studio Lange & Lange
Warsaw ◊ Poland
art direction & interior design
Gustaw Lange / Aleksander Lange
food photography Jan Kriwol
interior photography BZM Agency
www.langeandlange.com

TEMARI - Japanese Symbol Of Perfection
Temari means handmade ball ("te" - hand,
"mari" - ball). It is symbol of happiness, which
is given as a unique gift on various occasions.
Taste Temari and present it with joy!

TEMARI - Símbolo japonés de la perfección
Temari significa bola hecha a mano ("TE"
- mano, "MARI" - bola). Es símbolo de la
felicidad, que se da como un regalo único
en ocasiones. Temari es alegría con gusto y
presentación!

Shaka Brah

Agency **Truly Design**
Torino ◊ Italy
designer **Truly Design Urban Artists**
www.truly-design.com

After working on Shaka Brah's branding, we immersed in its interior decoration, painting the magic of surfing, describing the passion for the sea with an anamorphic surfer visible form the entrance, and sinuous, soft calligraphy reminiscent of waves.
There's no sea in Torino, but you will catch a glimpse of it at Shaka Brah.

Después de trabajar en la marca Shaka Brah, quedamos inmersos en su decoración interior. En la entrada se describe la pasión por el mar, con la pintura de un surfista rodeado por el agua de forma visible y con una caligrafía suave que recuerda las olas. Los interiores todos siguen el patrón del surf con olas en sus paredes y detalles surfistas.

Mary Wong

Studio Fork
Moscow ◊ Russia
designers Kirill Ermoshin, Ivan Maximov,
Pavel Platonov
www.madebyfork.com

Mary Wong is the chain of noodle bars from Rostov-on-Don. Its the place where noodle is made with Asian accuracy and American spirit. The idea was to create Asian feeling using as little Asian clichés as possible. Using black boxes and vivid colour stickers we wanted to bring up memories of breathtaking nights in Tokyo and New York. Stickers serve both as part of the identity and markers of the ingredients inside the box. While designing the bar we decided not to stick to traditional for Asian foodplaces themes. Instead of imagery we decided to rely on feelings. Concrete, metal and lots of neon lights create an atmosphere of a night metropolis while wood brings in warmth and coziness. We wanted to make modern, minimalistic place, which would really stand out from other places in the city.

Mary Wong es la cadena de bares de fideos de Rostov-on-Don. Es el lugar donde los tallarines se hacen con precisión asiática y espíritu americano. La idea era crear una sensación de estar en Asia, utilizando los menores clichés asiáticos posibles. El uso de cajas negras y pegatinas de colores vivos quieren despertar recuerdos de impresionantes noches en Tokio y Nueva York. Las pegatinas sirven a la vez como parte de la identidad e indicación de los ingredientes que hay dentro de la caja. El diseño de la barra no se parece a las usadas en lugares de comida tradicional asiática.
Hormigón, metal y un montón de luces de neón crean una atmósfera de una noche en la metrópolis, mientras que la madera aporta calidez y comodidad. Quisimos hacer, un lugar moderno y minimalista, lo que creemos que realmente lo destacan de otros lugares de la ciudad.

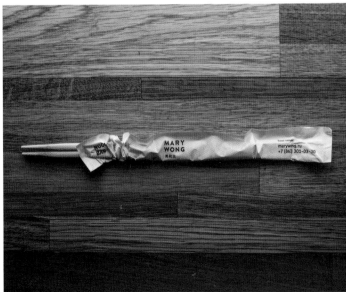

Mary Wong

La Peñita de Jaltemba

Studio Savvy
Playa del Carmen ◇ México
designer Ricardo Ojeda
photographer Alejandro Cartagena
www.savvy-studio.net

A fictional story was written about the lost Jaltemba tribe in order to develop the concept and design for a seafood bar called La Peñita de Jaltemba in Playa del Carmen located on Mexico's Caribbean coast.

Characteristic elements of the Jaltemba tribe were reinterpreted into a graphic and spatial language which, together, make up 'La Peñita'.

According to the legend, the Jaltemba tribe were avid fishermen and farmers who valued life and the sea. Strong believers in the conservation of the earth's balance, their lives were ruled by rituals and traditions. One of these traditions was the capture of the Great Tuna, where only the most experienced men would adventure out to the sea, in small rowing boats, making up one same arm and mind.

Back in the village, the tribe would share the fruits of their joint efforts sitting around the 'Great Table' as a symbol of fraternity, union and abundance. In the restaurant the canoe is used as a light fixture and is suspended above the Great Table. There is a mural depicting offerings on one of the side walls. It references the ceremonies practiced by the tribe worshiping life and was constructed with found objects and wood collected from the shore. The wood and varnish used for some of the finishings are a reminder of what has been corroded by the sun and the sea, a sight that is very common along the coastline.

The Jaltemba tribe spoke their own dialect, which reflects upon a system of glyphs and symbols that can be found on the wall/totem crowning the Great Table. La Peñita's logo is also derived from this system.

Sunsets in Jaltemba were translated into a colour gradient that was used on all the graphic language and in some of the applications such as the canoe's interior and the mural.

The bar is an element that contrasts with the rest of the space since it doesn't have such a tribal approach.

Se desarrolló una historia a modo de ficción sobre una pintoresca tribu perdida, la tribu de Jaltemba, para crear la inspiración del diseño de interiores y concepto de marca de una marisquería-bar llamada La Peñita de Jaltemba ubicada en Playa del Carmen, en el Caribe de México.

Los elementos característicos de la tribu de Jaltemba han sido interpretados en términos gráficos y espaciales que sumados conforman a 'La Peñita'.

Según la leyenda, la tribu de Jaltemba fue una comunidad de diestros pescadores y agricultores que veneraban la vida y el mar. Discípulos imparables en la conservación del equilibrio en la tierra, cuyas vidas eran regidas por costumbres y rituales. Como en la pesca del Gran Atún, por ejemplo, donde los más experimentados se aventuraban en el mar remando en canoas, constituyendo un solo brazo y una sola mente. De regreso en la aldea, la tribu compartiría el fruto de su esfuerzo sentada alrededor de la "Gran Mesa" como símbolo de fraternidad, unión y abundancia. En el restaurant la canoa se convierte en una luminaria y se encuentra suspendida sobre la "Gran Mesa"; El mural de ofrendas, que hace alusión a las ceremonias que practicaba la tribu para venerar a la vida, fue construido con maderas y objetos encontrados a la orilla del mar y se encuentra sobre uno de los muros laterales.

La madera y la patina que observamos en algunos acabados son un recordatorio de lo corroído por el sol y el mar, algo muy característico de la costa.

La tribu de Jaltemba tuvo un dialecto propio. Con motivo de esto se desarrolló un sistema de símbolos y jeroglíficos representados a modo de estela que se pueden encontrar sobre el muro/totem que remata con el final de la "Gran Mesa". Así mismo, el logotipo de La Peñita es derivado de este sistema de símbolos.

Los atardeceres del paradisiaco Jaltemba se vieron traducidos en un gradiente que fue utilizado en toda la gráfica al igual que en algunas aplicaciones en el lugar como el interior de la canoa, el mural de ofrendas, entre otros.

La barra es un elemento que contrasta con el resto del espacio al tener un tinte menos tribal y más industrial que nos recuerda a un buque o a un contenedor marítimo.

It has rather a more industrial touch, which reminds us of a cargo vessel – trapdoors provide access to the toilets. The counter bar reflects much of its function through a modular grid which divides it into individual areas: flavoured water, cocktails, equipment, mezcal, etc.
In Collaboration with: Isauro Huizar & Tomás Guereña.

Este volumen contiene el servicio de sanitarios y el acceso a este es por medio de escotillas de barco. La contrabarra refleja mucho su función mediante una retícula modulada que separa su funcionamiento: Aguas Frescas, Cocktails, Equipamiento, Mezcal, etc.
En Colaboración con: Isauro Huizar & Tomás Guereña.

La Peñita de Jaltemba

La Peñita de Jaltemba

Bolerama Coyoacán

Agency Leolab
DF ◇ México
designer Leonardo Paz
arquitects Arroyo Solís Agraz
www.leolab.mx

We rebranded Bolerama Coyoacán, a classic
1970's bowling alley located in mexico city.
We worked hand by hand with the
architectural studio Arroyo Solís Agraz and
worked in every single detail, creating a potent
and functional branding system.

Hemos diseñado Bolerama Coyoacán, un
clásico de las boleras de 1970 situado en
Ciudad de México. Colaboramos mano a
mano con el estudio de arquitectura Arroyo
Solís Agraz, trabajando en cada detalle y
creando un sistema de marca potente y
funcional.

Mikôto

Studio ADDA
Stuttgart ◊ Germany
creative director Christian Vögtlin
designers Christian Vögtlin, Nadine März
photography Melanie März
www.adda-studio.de

Our goal in all of our analogue and digital design-adventures: capturing the essence of our client in the design. In the case of Mikôto, the new restaurant in the heart of Stuttgart, this meant: creating an authentic Japanese concept, which is both as modern and traditional as Mikôto's cooking. We delved into the art of Japanese calligraphy, Shodo. The Mikôto lettering puts gold highlights on all the print media. Stylized fish scales emphasize the specialties of Mikôto: Fish in all the Japanese variations. We have developed a cubic grid that winds its way through the entire concept, bringing it together: from print and digital through to the shelving system of the interior design. And there, again: fish scales, golden highlights, and the color lilac. We like consistent, beautiful design that tells a story. And this design says: here, there is so much more than just sushi."

Nuestro objetivo en todas nuestras aventuras de diseño analógicos y digitales es capturar la esencia en el diseño de nuestro clientes. En el caso de Mikôto, el nuevo restaurante en el corazón de Stuttgart, esto significaba: la creación de un auténtico concepto Japonés, que es a la vez tan moderno y tradicional como la cocina de Mikôto. Hemos profundizado en el arte de la caligrafía japonesa, Shodo. Las letras Mikôto están impresas en todos los medios con reflejos dorados. Escamas de los peces estilizados destacan las especialidades de Mikôto: Pescados en todas las variantes japonesas. Hemos desarrollado una rejilla cúbica que serpentea a través de todo el conjunto del diseño: desde la impresión y a través del sistema de estantería del los interiores. Y allí, de nuevo: escamas de pescado, reflejos dorados, y el color lila. Nos gusta el diseño coherente, y que nos cuenta una hermosa historia. Este diseño dice. "aquí, hay mucho más que sushi ".

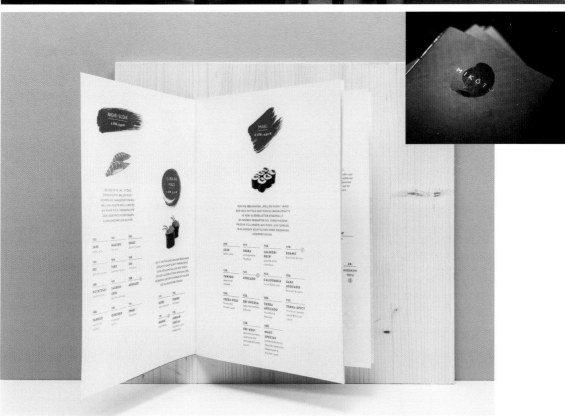

Mikôto

MIKÔTO

IKÔTO

MIKÔTO

JAPANESE CUISINE

SPEISEN

MIKÔTO

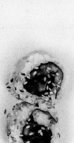

Mikôto

Taquería Local

Agency Leolab
DF ◇ México
designer Leonardo Paz
www.leolab.mx

We created the branding system for this "modern" Taquería located in Mexico's City financial district.
Taquería Local is a cool venue where "mexican modern" is displayed everywhere.

Hemos creado el sistema de la marca para esta Taquería "moderna" que se encuentra en el distrito financiero de la ciudad de México. Taquería Local es un lugar fresco donde el "modernismo mexicano" aparece en todas partes.

Taquería Local

Bad Girlz

Studio kissmiklos
Budapest ◊ Hungary
art direction & graphic design kissmiklos
interior design Ákos Bara Studio
photo Bálint Jaksa, Ádám Horváth, Zoltán Sárosi
www.kissmiklos.com

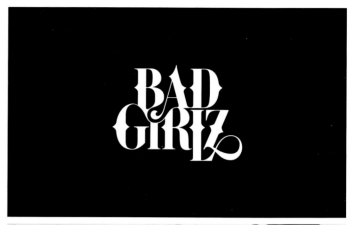

This is a special bar, club in Budapest, where all bartenders are girls and multiple times each night they demonstrate their bad girl powers and hop on the bar to put on a flair show for the people.
First, we tried to define the word: bargirls. Who is the bad girl? We looked for some characteristics of how could we decode this concept. One of the basic element is the tattoo. I designed a tattoo like logo but with more elegance. After I tried to incorporate this tattoo emblem into many elements.
I drew some tattoo motives for the menu and drink list, wrapping paper and t-shirts. For the tables and for the wallpaper I also created a photo montage from works of tattoo maestros from Budapest. I wanted to create a design that is a bit erotic, interesting, and brave so that being bad would feel really good.

Se trata de una barra especial, un club en Budapest, donde todos los camareros son señoritas y varias veces cada noche demuestran sus poderes de BAD GIRL al subirse a la barra para montar un espectáculo para los clientes. En primer lugar, hemos tratado de definir la palabra: badgirls.
¿Quién es la chica mala? Buscamos algunas características de cómo podríamos descifrar este concepto. Uno de los elementos básicos es el tatuaje. Diseñamos un tatuaje como logotipo, dándole un toque de elegancia. Después tratamos de incorporar el emblema del tatuaje en muchos más elementos. Dibujamos algunos motivos de tatuaje para la lista de menús y bebidas, papel y sobres de envolver. Para las tablas y para el fondo de pantalla también se creó un montaje fotográfico de las obras de los maestros del tatuaje de Budapest. Queríamos crear un diseño con un punto erótico, interesante y valiente por lo que el malo se sentiría muy bueno.

BADGIRLZ

Puebla 109

Studio Savvy
Ciudad de México ◊ México
designer Eduardo Hernández
interior design Marcela Lugo, Arturo Dib
photographer Coke Bartrina
www.savvy-studio.net

Puebla 109 is a new gastronomic hotspot in Roma, the burgeoning DF neighbourhood. Inside the three-floored 20th century townhouse is where art, design and gastronomy converge, in the forms of a restaurant, a bar and a member's club.
In the mornings the space can be used as a work hub while the space evolves as the day unfolds, offering a nice lunch in the afternoon or a cocktail in the evening.
The identity for Puebla 109 was developed around several symbols which draw inspiration from the classic age of Mexican philately. Each symbol works independently but at the same time shares an equal hierarchy when used together with the rest of the symbols that make up the graphic system. Unlike a more traditional approach to branding, there is no one symbol that bears the weight of the entire brand's identity.
The applications are constructed upon basic or more industrial materials. They are contrasted with bold colours and classic typefaces that have a strong national character, together with a few other graphic elements which resemble those used by the postal service in the past, therefore alluding to the journey that an object undertakes before reaching its final destination.
Includes works of art by Marcos Castro, Lucía Oceguera, Juan Caloca and Luis Alberú.

Puebla 109 es una nueva propuesta gastronómica localizada en la colonia Roma, Ciudad de México. Dentro de la casa de tres pisos donde se ubica, convergen arte, diseño y gastronomía, contando con un restaurante/bar y un club privado para miembros.
El espacio está adecuado para usarse como área de trabajo por la mañana, tener una agradable comida o tomarse un buen trago por la noche.
La identidad de Puebla 109 es constituida en base al uso de distintos iconos inspirados en las épocas clásica y antigua de la filatelia en México. Cada icono funciona de manera autónoma y al mismo tiempo, todos poseen una jerarquía similar entre ellos cuando se utilizan en conjunto, a diferencia de una identidad de carácter tradicional, dónde un sólo icono soporta el peso de identificación de la marca.
Las aplicaciones son construidas a partir de materiales básicos y crudos, intervenidos con colores fuertes y contrastantes, tipografías clásicas con fuerte carácter nacional y una distribución de elementos gráficos que remiten al servicio postal, como cuando un objeto viaja por diversos lugares hasta llegar a su destino.
Cuenta con obra e intervenciones de los artistas Marcos Castro, Lucía Oceguera, Juan Caloca y Luis Alberú.

Puebla 109

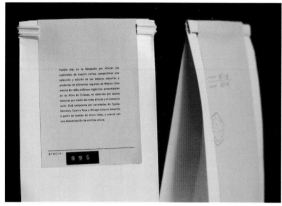